별·꽃·시 10
노광희 시집

손톱을 길러보기로 했어

노광희 시집

손톱을 길러보기로 했어

인쇄 2025년 08월 10일
발행 2025년 08월 15일

지은이 노광희
펴낸이 박숙현
주 간 김종경
펴낸곳 도서출판 별꽃
주 소 경기도 용인시 처인구 지삼로 590 CMC빌딩 307호
출판등록 제2022년 12월 13일/제 562-2022-22130호
 전 화 031-336-8585
 팩 스 031-336-3132
 이메일 booksry@naver.com

저작권자 ⓒ2025, 노광희

ISBN 979-11-94112-11-2 03810
값 12,000원

· 이 책은 용인시 문학창작지원금을 지원받아 출판되었습니다.
· 이 책의 일부 또는 전부를 재사용하려면 저작권자와「도서출판 별꽃」의 동의를 얻어야 합니다.
· 잘못된 책은 구입한 곳에서 바꿔드립니다

별·꽃·시 10
노광희 시집

손톱을
길러보기로 했어

별꽃

시인의 말

누가 물었다.
지금 당장 시 한 편 지을 수 있냐고.
어쩌면 그 말은
온도 차이이거나 견해 차이이지만
시는 고통 속에 허물을 벗는 것,
당장 아이 하나 낳으라는 말,
당장 피 한바탕 쏟아내라는 것이다.
나를 건지는 묘약
삶을 바꾸지 못해서 대신 시를 쓴다.
시를 짓는다는 것은 위태롭고 아름다운 것
인생처럼 살아남는 것들의 시간을
문장으로 건지는 일이다.
그리고 벌어진 뼈가 제자리에 돌아올 때까지
조용히 처음처럼 머리를 씻는 일이다.

2025년 8월에
노광희

목차

시인의 말 - 5

1부

손톱을 길러보기로 했어 13
민들레 노랑물 16
나의 아름다운 창 18
저녁 숟가락에 앉아 20
해당화 피고 지면 22
나의 어린 왕자에게 24
수요일 오전을 기록하기 26
지문의 힘 28
잃어버린 시간을 찾아 30
검은 발톱 32
나를 잃어버리는 중 34
유쾌한 버스를 타고 36
4월에 내리는 눈 38

2부

동백꽃 아래서 43
안부가 따뜻해서 44
오전 11시의 행복 46
강화도 세탁소에는 48
맨드라미 50
그 사이에 벌어지는 일 52
붉은 꽃을 얹어 먹다 53
모든 것의 함수관계 54
탱자 돌아오다 56
파꽃 58
감자를 캐다가 60
냉이꽃이 피면 62
나중에 조금씩 울어줄게 64

3부

폐가 69
바람 들다 70
오늘은 기우뚱하다 72
조문 74
라스트 댄스 76
멸치똥 78
타인의 숨을 데리고 80
씩씩한 남자 82
천 개의 흰 84
파를 다듬다가 86
새들의 우주 88
고마워 코미디 90
새들의 문자 92

4부

홍학이 있던 자리　95
끌어당김의 법칙　96
행복을 찾아서　98
여름이 붉어 있었다　100
우기를 견디는 법　102
나의 그림자　103
완벽한 한 잔의 커피를 위하여　104
당신에 관한 편지　106
어느 남자 이야기　108
엄마를 베어 먹다　110
너 그거 아니　111
봄에 내리는 눈　112
시옷의 항거　114

5부

종이를 접다가 117
기침과 기침 사이의 계절 118
봄 편지 120
섬 122
우기를 건너는 중 123
생일 즈음에 124
나의 이름을 불러줘 126
상사화에 부쳐 128
가위 바위 보 게임 130
막차를 기다리며 132
공중전화 134
모래무덤 136
산다는 것은 소금기처럼 138
꽃들에게 140

1부

손톱을 길러보기로 했어

손톱을 길러보기로 했어

청명이 지나자
아파트 단지 내에 나무 제거 작업을 시작했나봐
잘려버린 나뭇가지들이
떨어진 꽃송이 위로 추락하는
내가 함부로 자른 손톱 같은 것들

오늘따라 손가락이 아팠어
손톱에 적립되는 미완성의 날들이 불편해서
수없이 잘라내고 팽개쳐진
못생긴 것들이
삐죽이 자란 기억을 자르려다 스며든 미안함으로
때 늦은 말 대신 붉게 반짝이는 매니큐어를 칠했어
저 잘린 나무를 보듯

마음에 힘이 없어서
스스로 잘려 나가고 뜯겨졌던 살점들

너무 순하게 살았나 봐 패싸움이라도 벌일 걸
뭉툭해진 손톱을 보다가
파란 물살이 밀려 나가듯 손끝에서 빠져 나간
이름 없는 냄새를 맡았어
그 쓸쓸한 진물

어두운 온기를 끌어안고
손톱을 들여다보고 있어
자라지 못하게 수 없이 자르고
아무렇게나 팽개쳐서 쪼그라진 것들
온 천지 야생을 누비며
자신을 죽이는 가장 쉬운 방법을 택했네

꽃을 피워주기로 했어
눈이 매워서 긴 속눈썹을 손질하듯
마음이 요란해지기 전 다시 건드리지 않게
마디 굵어진 손가락에
반짝 윤기 나는 리본도 달린 포장을 할 거야

이제 슬펐다고 아팠다고 기척을 해줘
네가 나의 무기여서 견딜 만했으니
붉은 빛 화려한 손가락으로 펼쳐줄게

민들레 노랑물

손가락으로 봄이 옮겨왔다
조그만 아이가 내게 준 민들레 꽃
그 다정함에 노랑 물이 터졌다 온 천지에

아이가 잎사귀 같은 옷을 입고
꽃을 전해 줄 때는 두 손으로 받아야 해
꽃집에서 흔히 파는 꽃이 아니니
가만히 오래 생각하는 일
꽃이 꽃을 줄 때는 꽃이 되는 거야

어떻게든 살아남아 핀 꽃
드디어 날기 시작했네
작은 바닥에서 좁은 구석에서 더 자유로운
곧 홀씨가 되어 나풀거릴

어루만지는 문장보다 더 깊은
환하게 번지는 한쪽 페이지 노랗게
바람 사이 눈과 귀가 가려워서
손과 발이 꿈틀거려서 나는 어디로 가볼까

이 봄 우주에
가야 할 행성이 하나 생겼다

나의 아름다운 창

겨울 철새는 아직 떠나지 않았다
그녀의 말은 거짓이었으므로
창밖엔 눈이 내렸다

숫자로 해체된 계절이
기억을 무기로 창에 가득해
죽은 무늬의 새들을 강둑에 날리고
우리는 서로 잊기로 했는지 모른다

속옷을 갖춰 입고
주름 가득한 날을 닦는다
생전에 키운 날들이 오래도록 행복하지 않아서
닦을수록 흐려지는 오후
당신은 이제 만져도 뜨겁지 않았고

무릎과 무릎이 접히지 않는 새는
너를 너무 오래 바라보지 않아서
기다려본 적 없는 가장 먼 곳을 들쳐내
불온서적처럼 꺼내보았다

염장된 생선을 구우며
행복했던 날들을 젓가락으로 뒤적이다가
비린내도 아름다운 무늬로 통과하는
창을 열었다
바람에 잔등이 자꾸 시리다 해서
이불을 덮어주고 싶었다

저녁 숟가락에 앉아

아무도 건드리지 않는 시간
혼자 조용히 저녁을 먹는다
부끄럽지 않는 것들 하나 둘 줄을 세우면
괜찮아 이만하면 괜찮아 헐고 늘어지지 않았으니

산만한 세상에 마음먹은 만큼만 갔다가
처음처럼 되돌아오는
불손한 눈동자와 예의 없는 거짓말을
콩 속에 돌 고르듯 하루를 부추겨 골라
꼭꼭 씹어 삼킨다
내가 할 수 있는 일이란 이것뿐
그래서 좋다

저녁이 되면 물기가 날아가
가볍게 남는 것은 기색도 없는 껍데기
껴안지 못한 것들을 불러
배꽃 같은 환한 밥을 먹어야지

골짜기 서늘한 밥상의 적막을
며칠을 익힌 매콤한 김치를 찢어
야윈 숟가락에 둘둘 얹어
문드러지게 먹는 동안

철새 같은 계절이 지나가고 있다

해당화 피고 지면

해당화 핀 언덕 주점의 오후
질끈 동여 맨 머리카락을 쓸어 올리면
동그랗게 말아 쥔 손가락에
붉은 해당화가 번져 왔다

헐거운 담장을 타고
막걸리 주전자가 나란히 줄을 서면
그 꽃은 주인인 양
통째로 환하게 흔들렸고
말랑해진 마음이 닿아서 꽃을 꺾으려다 돌아온 집

어느 날부터였을까
인적이 끊긴 툇마루는 기울어 불빛조차 사라진
고양이 발자국에도 담이 허물어져 갔다

해당화는 여전히 피고 지는데
안부도 없이 객지로 떠난 주인은 소식도 없고

해당화는 여전히 피고 지는데
지난번 홍수에 집이 유실돼도 주인은 소식도 없고

갈 곳 없는 그 꽃은 간데없이 가시만 무성하다가
땅 주인이 바뀌었다고 뿌리까지 뽑혔다

무언지 몰라 이 슬픈 꿈은
그날 붉은 그 꽃이 내 가슴을 찔렀고
언덕을 지나면 그 꽃이 물밀려 통째로 번져 온다
해당화 피고 지는 계절에

나의 어린 왕자에게

안녕 나의 어린 왕자
안녕이란 말은 왠지 훅하고 불길 같은 것이
가슴에 안기지
꼬옥 안아 봐도 될까
가을 냄새 번져가는 어느 들판에 서서
유언장처럼 사용한 말들의 이름표를 붙이고 있는지

나와 마주한 적 없어서
부스럭거릴 때까지 한참을 기다렸어
찔레에 맞아 퍼래진 등허리에
튀쳐나가는 무게를 싣고 따라가던 얼룩들이
꽃을 피웠네

아직도 그 별들을 머리에 이고 다니는지
하늘이 낮아지면 생기는 별똥별
오래 갇혀 있던 너를 업고 부서지듯 던진 기원
처음 지나간 빛을 기억해
꼬리를 물고 떨어지는 시간은 순간이라서

저문 밤 몸살로 며칠을 앓던

무릎에 얹어진 슬픔이 따뜻해져서
하루 한 페이지씩 넘기는 날에
조금씩 너의 얘기로 한 걸음씩 걸어가
어느 작은 목섬 기슭에 자는 파도 같은 푸른 옷깃을 입고

죽는 날까지 처음인 날것들이 많은 날
하품에 눈물 나는 듯 여름 장마에
천천히 흔드는 일은
껍질도 꽃잎인 양 이젠 꼭 안아볼까 하는데

수요일 오전을 기록하기

눈먼 내가 살았던 책들은 비가 오는 냄새가 난다
무슨 비가 그리도 내렸는지 책장을 열면 번지는 냄새
먼지 때문이라고 손바닥으로 쓸어내렸다
꼭꼭 들어찬 책장에서 떨어지는 곰팡이 냄새 거미줄 냄새
여기는 출입금지입니다
오랫동안 묵혀서 미안합니다

외딴집처럼 고립된 많은 날들이 이야기가 된 채
이젠 무겁지 않아서
햇빛에 집어 들었다 펼치는 기억
지푸라기처럼 푸석한 오래된 노트마다
길을 잃지 말라는
선명했던 표지판이 아직도 반쯤은 흔적이 되어
얼룩덜룩 지워지도록
길을 잃고 길을 찾고도 잃고 사라지고 나타나고
다시 시작하는 것들
왜 살아야 하는지 갈피마다 깃발을 꽂고
여기서 한참 길을 찾았나 보다
나의 배후에는 이토록 단단한 이정표가 있었다니

그냥 곰팡이가 아닙니다
그냥 먼지가 아닙니다
평생 매만졌던 나의 바이러스입니다
수요일 오전 또 한 번 이정표에 깃발을 꽂았다

지문의 힘

손바닥은
절망이거나 기쁨이거나
혹은 운명이 얹혀서
생성된 손금을 가진 그 사람의 주문을 부른다

독한 커피가 석 잔째
잃어버린 주민등록증을 갱신하고 오는 날
검은 잉크가 묻은 지문을 보며
내 인생도 갱신이 된다면 어떨까 생각하다
갈라진 길을 타고 방향을 찾던 마법 같던 시간을 생각해
저 어두웠던
울음이 되기 전에 말들을 삼킨 길

엄마 뱃속을 찢고 나올 때
열 개의 지문으로 온 천지를 더듬었지
유난히 선명했던 동그란 지문은 세상의 열쇠여서
넓은 세상은 만질수록 거칠어져 그때의 힘이었을까
하늘 밑 쓰고 떫던 세상을 돌아
이제 아무도 나의 가슴을 흔들지 않는 시간

절룩거리는 손가락에도 여전히 선명한 지문은
빨판처럼 내 몸을 지탱해 주었어

이것이 하나밖에 없는 내 운명의 문양이라서
엎어진 신발처럼 누워서도 버텨 내었지
말라버린 손가락으로 침을 발라 넘기는 날도
보이지 않는 생존의 그 힘으로
오늘은 어떤 날을 더듬을지 알 수 없는 시간
가끔 인생을 뒤집을 수 있는 최강의 무기인 양
붉은 신의 내림 같은 주문을 부른다

잃어버린 시간을 찾아

뱀은 다리가 퇴화되어 몸뚱이로 기어다닌대
불필요한 것은 차차 사라지는 거지

우연히 열어본 오래된 서랍 속에
켜켜이 저장된 옛 것의 날들이 귀환을 기다리듯
장전돼 있었다 후욱 먼지 바람이 일고
번져오는 오래 묵은 시간은
마음 둘 곳 없어 덕장에 황태를 널 듯
차가운 바람에 기억의 절정을 절벽에 세운다

드센 시간에 떠내려 온 나의 사지는
용맹스러운 사자가 아니어서
송곳처럼 자라나는 울분을 퇴화시키고
빤히 보이는 거짓들에 비겁한 커튼을 쳤다

내게 칼을 겨누는 자들의 목을 치지 못해
스스로 팔을 잘랐던 날들
지나간 시간이 가슴 붉게 파편 조각을 꺼내어
불편하고 잊히지 않는 것들을 끊어 냈다

내 속에 심장은 겨울로 박혀
퇴화된 듯 주름 무늬로 모질게도 기어다녔다

모든 추락하는 것에는 날개가 있다지
내 잃어버린 시간은 이제
다시 팽창하고 재생되어
훨훨 새로운 진화로 나는 중이야

검은 발톱

훅
케이크의 화려한 촛불이 꺼지고
축하의 손가락 사이로
생의 혼령처럼 흰 숨이 깜박 날아가고
심지는 빛을 지우고 뜨겁던 순간을 검게 차단한 채
떨어져 나갔다
마치 내게서 잘려나간 검은 발톱처럼

케이크를 몇 등분 할까 고민하는 사이
밤하늘의 달 그림자는 창가에서
여러 조각으로 떠내려가고 내 몸은 얼마나 여러 조각으로
잘려질 수 있을까 생각했다

다 타버리고 남은 장작은 검게 숯이 되어
또 한 번의 불꽃을 피워 올려 끝까지 조각나겠지만
어느 날 내 발톱이 검은색으로 변했을 때
달라붙는 불손한 기억으로 짐짓
꺼질 나의 숨에 기대어 검은 발톱을 잘라주었어

불쑥 내민 저 마음속을 다듬어
바닥만 보게 했던 검은 모가지들을 데리고
먼지로 뽀얀 백미러로 닦을 때 그 행적이 가득해서
이대로 꾸역꾸역 사라질 마지막 불꽃일까

병원 대기실 앞에서
아직은 다시 피워야 할 이유를 나누며
처연히 밝혀 내 몸 하나씩 더듬어 잘라 낸
어젯밤의 몸살을 집어 번호표를 뽑았다

나를 잃어버리는 중

전기밥솥을 쓰면서
불의 조절을 잃어버렸다

전기밥솥의 자동화가
밥물의 끓어 넘침과 밑바닥의 눌어붙음도
전능하게 지배하였다

밥 짓는 일과 더불어 감성과 감정도 맡겨져
자율의 기억을 점차 상실한 나는
화가 끓어 넘치는 감정도 억눌림에 튀는 성질도
적당히 자동 조절되었다

세상이 그렇게 지배하고 적당히 타협하는 동안
할 수 있는 일이란 맛없는 밥을 먹는 일이었다
그러면서
오늘도 역시 습관적으로
전기밥솥의 밥을 누르며 밥을 짓는다

세상의 모든 편리함의 댓가로
나를 잃어버리는 중이다

유쾌한 버스를 타고

버스를 타고 가네
매달린 꺼멍 봉다리가
나태해진 눈동자들을 데리고

달랑달랑 꺼멍 봉다리가 흔들리는
버스를 타고
어디든 가도 좋을 것 같은 날에

운전석 옆 기둥은 보기도 좋아
대문짝만 하게 써 붙인 꺼멍 봉다리 글씨
벙글벙글 까맣게 인상도 구수한
투명 테이프에 칭칭 동여진 이름 다섯 글자

검은 봉지가 꺼멍 봉다리가 된 채
흔들흔들 제풀에 겨워 들판처럼 달리고
한 여자가 버스 안에 묻혀가네
세상에 한바탕 흔들려 속이 빈
앞 유리창에 꽉 박힐 허깨비일지도 모를
정류장마다 젊은이들이 타면

초록에 기대어 연두라도 돼볼까 하는

봄날이 여름날이 흐르다가
멀미가 나는 날엔
어미 아비 같은 꺼멍 봉다리에
속을 다 뒤집어 내놔 봐도 괜찮은
속 보일 리 없는 꺼멍 봉다리
소리 없이 해결할 거야

속 보이도록 역겨운 울렁증 올라 올 때 쓰일
꺼멍 봉다리 하나 달고 다녀도 괜찮은 오후에

4월에 내리는 눈

매일 새것으로 태어나야 살 수 있어서
그리운 사람 냄새를 죽였어

감미로운 눈물을 태우고
가시 박힌 손등을 조롱하고
글썽이는 하루를 매질하며
신만이 아는 미친 분노를 가두었어

선택의 여지없이 내 의지도 아닌 채
생소한 주민등록 번호와 이름이 주어지고
진정한 나의 의지는 최초로 생긴 자아에서 비롯되었어

스스로 에미가 된 후로는
떨리는 손으로
그 몸이 무덤에 뚜껑을 덮을 때까지
매일 새것처럼 살아야 된다는 것을 알게 된 때는
뱉어 낸 하루가 딱딱한 매트에 떨어지고
무리를 등진 가슴이 쓸려 문턱에 주저앉아
내 속에 마음이 가난처럼 묻혀 보였던 때야

아직도 여전히 에미여서 매일 수런거리는 날들
오늘은 눈이 온다는 예보에 빗대어
만개한 벚꽃이 날리는 4월의 눈동자로 새 것이 되고 싶어
펑펑 처음인 듯 기대어
4월에 내리는 눈이 되었다

2부

동백꽃 아래서

첫사랑은 짧았고
그리움은 길었다

어느 골목길
막다른 곳까지 바람이 들이치면
붉은 노을로 떨어진 무더기 동백꽃
두 눈에 터진 땅 위엔 모두가 출혈이다

그리움은 만질수록 멍이 들어 낭자한 꽃잎들
이쯤 해서 봄 한 조각으로 날려 보내마

이제는 깃털처럼 가벼워진
주소 없는 마음

사막의 밤처럼
지워질 발자국을 껴안고
한 톨 모래 속으로 들어간다

안부가 따뜻해서

어떻게 지내냐는 말에 갑자기 계절이 환해졌다
그래 봄이지 봄이야
이불 속에서 나와 꽃에 물을 주고
창틀에 먼지도 닦고 나란히 신발도 한 번 더 만져준다

내가 경험한 모든 것의 생태계는 모 아니면 도이다
이 세상의 생물이 절반은 기생충이고 절반은 숙주라는데
누가 안부를 묻느냐에 따라 윷판의 윷은 달라진다
그럴 리가 없다지만 사람의 마음이 각각이니
씨줄과 날줄이 교차할 때 달칵 걸리는 결 따라
기억을 무기처럼 그 마음의 온도를 읽는다

어떤 이는 사회적 고립을 타깃으로
위로의 마음을 빌어 책을 이해 못할 고립자에게
쉽게 집필했다는데
쉽게라는 그 말이 왜 내 목에 걸리는지
그 고립의 안부는 직접 물어나 봤을까
물 한 컵을 넘기면 찌르르 되돌아 나오는 이물질
이 사람은 기생충일까 숙주일까

따뜻한 말 한마디는 세상의 양분이지만
우리가 말하는 말들은 가끔 화학무기 같아서
얼려서도 죽이고 불 태워서도 죽인다
나도 내가 그때 무수히 건넨 말들은 따뜻했을까
그 의문으로
나는 누구의 기생충이었을까 숙주였을까

오전 11시의 행복

나는 어디로 가야 하나
이 계절 사랑하고 어루만질 동안
햇살이 소란스러워 이제 일어나 볼까
익숙한 발걸음이 헐렁한 옷을 입고
이마에 물결 같은 햇살이 가득해서
밖으로 나온 오전 11시

아가미 없는 호흡처럼
왜 슬픔으로 숨을 쉬는지 그 근원을 더듬다가
자잘하게 부푼 기억이 줄지어 핀 화분 옆을 지난다
안경을 껴야 보이는 세상
가끔 침침한 눈이 고마울 때도 있지

메밀꽃이 필 때면 어디로 갈까
아름답다는 주술을 걸고 뾰족한 날들의 발을 끌어
무작정 길을 나서도 좋을
조팝나무 펄럭이는 그 옆 아이 입에 붙은
팝콘 같은 웃음을 보는 오전 11시

새들의 길을 타고 번져오는 계절
비스듬히 버스가 지나면
이 끝에서 저 끝까지 끓겼던 마음 미안해하지 않기로
흐르는 길에 선명하게 여백을 남겨놓기 좋은 다리를 지나
노지에서 파는 마가렛 꽃을 샀다
마가렛 닮은 연보랏빛 오전 11시에

강화도 세탁소에는

채소를 씻다가
물에 풀어낸 먹물처럼 희미한
죽음의 단계를 지난 색을 보았다

내게
강화도의 꽃들은 왜 화려하지 않았는지
높고 낮은 꽃들 상관없이 왜 처연했는지
불현듯 스님의 옷자락처럼 흐르던 물에서 손을 빼니
스치며 지나던 바람에 처음 눈길이 멈춘 곳
강화도 세탁소에 차례로 걸린 장삼 때문이었을 것이다

모든 삶의 무게를 지닌 듯
옷걸이에 걸린 채 예수처럼 팔 벌려 매달려 있던
강화도 세탁소의
꽃도 아닌 장삼이 내 눈에 핀 까닭이다
그 채색 없는 옷 하나로도 모든 영혼을 끌고
인간세계를 횡단하는
별자리도 없고 지구의 궤도도 없는 묵음의 색

나는 얼마나 많은 욕심을 부렸던가
옷장을 여니 알록달록 많은 옷들이 비리도록 쳐 박혀
내가 모르는 시간까지 저장을 한 채 입을 벌리고 있었다
악어 같은 4월 마지막 날
사용하지 않는 것들을 버려야 할 때
처음 만난 것들에 대해 말을 줄였다
수런거리는 것들을 자르고 목을 꺾은 달을 비웠다
여기저기 상처들이었다

맨드라미

누군가 잊힐 기억을 내려놓은 곳
그 불안한 틈에서
한바탕 꽃 무더기로 피워냈다
온몸 붉은 가려운 비늘
열꽃이 터진 것일까
만져보기도 아려
손끝이 가다 멈추었다

너를 만지면
송이마다 전쟁이었을 열정이었을
까만 생들이 우루루 쏟아질 것 같아
푸른 발가락에 떨어진
몇 개의 마음만 주워왔다

톡톡 손바닥에서
이제는 볼 수 없는
오래 전
공이 언니의 까만 주근깨 얼굴 같은

그 시절 우리의 눈동자 같은
반질반질 눈물로 영근
오래 된 체온이 반짝였다

그 사이에 벌어지는 일

바람과 바람 사이가 벌어져 꽃이 피는 일

나무와 나무 사이가 벌어져서 새가 찾아오는 일

벽과 벽 사이가 벌어져서 길이 생기는 일

아픔과 아픔이 벌어져서 위로가 생기는 일

아이와 아이가 벌어져서 어른이 되는 일

창문과 창문이 벌어져서 바람이 드는 일

손과 손 사이가 벌어져서 안아주는 일

기억과 기억 사이가 벌어져서 추억이 생기는 일

마음과 마음 사이가 벌어져서 이별하는 일

지금도 어느 사이에서 계속 벌어지는 일

붉은 꽃을 얹어 먹다

모든 것은 변해 갔다
자주 오던 친구의 전화도 오지 않고
봄을 지나 여름 그리고 가을과 겨울
열렬한 사랑도
지리멸렬하도록 울궈먹고 난 후처럼

꽃이 오래가지 않는 것이 아니라
우리 맘이 옮겨 가는 것이고
푸른 잎이 오래 가지 않는 것이 아니라
우리 눈이 화려함을 쫓기 때문이라고
위로라도 해볼까

피폐해지는 겨울
오래가지 않는 것들을 거두어
지는 저녁 한 움큼
해가 지는 우듬지에 올라
붉은 꽃을 떼어다 얹어 먹었다

모든 것의 함수관계

귤이 시다고 내민
못생긴 노란 귤 하나가
손바닥에서 구르다 떨어졌다

땅이 깨어나기 전에 주워
동글동글
따뜻하게 껍질을 깨워야 돼 단정한 체온으로
손바닥에 딸려 나오는 시디신 속마음이 말랑해지면
그때
네 마음이 통했다고 해

세상은 생각 외로
보이지 않아도 존재하는 것이 있어서
누군가의 환한 결이 닿으면
발 없는 꽃들이 나오고 목 뜨겁게 새들이 우는 거지
누군가의 숨결이란 온기는
언제나 새 것처럼 웅크린 찰나를 깨우고
팽팽한 분노를 주저앉히기도 해

하루를 점화하는 일
시디신 마음이 말랑해지고
언 몸뚱이 가슴이 살뜰해지게
매일 세수를 하고
매일 새로 옷을 갈아입고
매일 마음을 다독거려서
이 겨울도 가만히 버티는 거야

탱자 돌아오다

가을 숲 귀퉁이에
노오란 저것이 무엇인가
보이지 않던 탱자가
탱자 탱자 열렸다

온 여름 내내 놀자 놀자
꽃도 피는 둥 마는 둥
바람에 쓸려
어디서 놀다 왔는지
시퍼런 가시만 잔뜩 박혀 돌아와

가을걷이 끝 무렵
누가 볼세라 소심히
향 짙은 열매 몇 개 매달았다

저 건너 이장 집 아들이
몇 년 만에 귤 한 봉지 사들고 덜렁덜렁
바짓가랑이 붙잡고 오듯

여름 땡볕에
세상 노란 맛을 보았나 보다

파꽃

전철 안에 파꽃들이 피었어
난장에 녹아 있던 겨울을 지나
아무도 기억하지 않을 시간을 비비며
뭉클뭉클 역사 안을 줄지어 나란히

봄내 비가 오더니
껍질 벗은 하얀 파꽃들이 우루루
전철 안은 파밭이 되어 봄을 지나고
꽃이 피어 쇠어진 몸뚱아리는
드디어 누구도 손대지 않는 자유를 얻은 거야

머리에 핀 파꽃들이
굳게 다문 입술을 열고
파전에 파김치에 파무침에
저마다의 생을
비어버린 속대에 이유를 붙이곤 해

아무도 없는 집을 나와
전철을 타면

노랗고 하얀 꽃들이 아직은 이승이 좋아
어디를 가도
이력이 없는 무료 승차권으로
조망이 사라진 몸들을 일렬로 찍어내고

승강장 유리에 비친 나도
파꽃 대열에 하얗게
핏빛 붉은 카드를 흔들며

감자를 캐다가

감자를 캐다가
감자에게 얻어맞았다
저 미친 것이 있나
내 새끼들을 저렇게 찍어서 내놓으면
네가 책임질 거냐고
감자들이 우루루 달려드는데
저렇게 많은 엄마들이 있었다니

민들레 제비꽃 개나리 피기 전에
서둘러 심은 씨감자들
밭고랑을 뒤돌아 나오자 어느새
다정한 척 몸살 나듯 피었던 꽃
성깔이 있을 줄 그때 알았다면
그 꽃을 꺾지도 않았을 텐데

장마 지기 전 캐느라 급히
뿌리째 들어 올린 감자 뒤에
호미에 찍힌 감자 뒤에
주렁주렁 손을 잡고 나오는 따끈한 엄마들이

냅다 흙으로 얼굴을 내리친다
지금 뭐하는 짓이냐고
나는 그날 졸지에 미친 짓을 한 것이 되었다

딸에게 전화를 했다
나도 내 엄마가 보고 싶다고

냉이꽃이 피면

날이 좋으면 국수 널기 좋은 날이 있었어
매끈한 대나무에 줄줄이 꿰어 널린
기계에서 막 뽑아 낸 마알간 국수발
바람이 불면 그 옆에 핀 하얀 냉이꽃이
비파줄 소리로 들리는 듯했던

국수를 말리는 동안의 골목은 언제나
짭조름한 바다 냄새가 났어 땀냄새였는지도 몰라
비밀도 없이 떠들던 아이들은 냉이꽃처럼 작아
국수집 발밑에서 놀다 흩어지고
국수를 닮은 국수집 아이는 국수처럼 가늘어
햇빛에 쪼그려 앉아 자꾸 하얗게 졸기만 했어

네모 난 신문지에 잘 말린 국수가
돌돌 말려 팔릴 동안 국수집 아이는 삼베옷을 입고
먼 곳으로 떠났대
빨간 가방을 맨 우리가 땅 따먹기를 하다가
널린 국수를 쓰러뜨리고 집으로 도망치던 날이었어

체할 것 같은 슬픈 말들이 소나기처럼 퍼붓고
꽃처럼 벌어진 입들이 눈물 대신 쭈뼛쭈뼛
냉이꽃처럼 부르던 이름
뼈가 자라면서 온몸이 아픈 건
가끔 기억에 뛰어드는 일
잊히지 않는 것들을 안고 산다는 것
명치를 꾹꾹 치는 일이지

나중에 조금씩 울어줄게

어릴 적
진달래꽃을 보면 서러웠어
엄마가 꽃단장하고
장사를 나가시면 진달래꽃이 뒤따라 나풀거렸지
엄마 대신 부뚜막에 앉아 수제비를 삶으면
열 살 내 손은 분홍빛이 되고 눈은 뜨거웠어

아기 진달래가 지천으로 핀
불암산 중턱에 혼자 걸터앉으면
치맛바람처럼 너울대는 바람에
데인 손가락은 모두 꽃이 되었지

나는 꽃이 되지 않을 거야
울지도 않기로 했어
눈물 흘리면 그 꽃이 뿌리를 내릴 것 같아
바위에 꽃물 터지게 밟아버렸어
잠시 감았던 눈을 뜨면
찬란히 부서지는 분홍꽃잎들

그때부터였나 봐
춘분 지난 봄바람에 다시 피는 그 꽃
뒤척이던 날들의 적막이 내려앉으면
들키지 않게 울컥 성근 가지에 올라
수없이 되풀이하던 말
나중에 조금씩 울어줄게

3부

폐가

사람이 없는 집은
고독하여
거미가 대신 집을 짓는다
살아가는 일마저 잃어버린 후
번식되지 않는 시간은
사방에 걸린 거미줄에 목을 건다

밖은 붉은 꽃잎으로 난해한데
백발이 무성해진 시간은
가벼운 문발을 걸고
문 앞에 고독사라는 문패를 매단다

빛이 모아지면 먼지도 눈부신 걸까
허리가 접힌 주검이
마지막 외출에 잠깐 반짝였다

바람 들다

눈이 너무 온 것이었다
겨우내 묻어 둔 무를 꺼내기까지는

땅속에 고이 묻어 둔
그 아삭한 단내 나는 것을
겨울이 다 지나 꺼낸 것은 눈 때문이라고

푸른 잎을 수염처럼 기르고
흰 이끼를 두른 바람이 든 무가 되어서야
꺼낸 것은 오로지 눈 때문이라고

송송 구멍이 난 무는
더 이상 달지도 단단하지도 않은 채
온 겨울의 바람을 지피다
바람에 물이 들 때까지 눈 때문이라고

걷지 않은 빨래와 빈 과자 봉지를
아무렇게나 두고
낡은 매트에서 나오지 않는 것도

눈 때문이라고

헐렁해진 옷을 걸치고
주저앉은 의자에 비스듬히
바람을 안고 들고 일어나는 것도
눈 때문이라고

그래서 아픈 거라고
참을 수 없는 어설픈 이유를
눈 때문이라고 들이댔다

오늘은 기우뚱하다

떨어진 단추 하나를 잘못 달았나 보다
오늘은 하루 종일 모든 것이 기우뚱거렸다

단추 하나 다는 일도 조심히 달아야 한다
단추 하나로 사람의 마음을 여미고
단추 하나가 사람 몸에 균형을 잡는다

어느 날은 오른쪽이 불편해서 왼쪽 신발을 고쳐 신고
길을 나서면 입 하나 없는 나무들이 새 한 마리에 기우뚱거려
풍경은 중심이 잡힐 때까지 자꾸 새가 앉은 쪽으로 기울어 가고
나는 옆 사람 한쪽 어깨 위로 기울어 간다

매연으로 찌든 볼록 거울도
사람하나 우습게 만드는 일쯤이야
자기 닮은 볼록 배를 수없이 찍어 뒤뚱이며 내보내고
손바닥 뒤집어 편을 잘못 먹은 날은 하루 종일 뒤뚱거렸다

손바닥과 손등의 중심은 어디일까
이런 날은 바람도 한쪽으로만 불어
세상의 눈이 한쪽으로 쏠린다

또 단추 하나가 떨어질 듯 달랑거린다
옷이 기우뚱했나 보다
아니 몸이 기우뚱했나 보다
단추를 잘못 달았나 보다

조문

아무도 부르지 않는 나를
그녀가 불렀다

내 이틀치 이력을 봉투에 넣고
방명록에
녹록하지 않은 이름을 예의 바르게 썼다
튕겨내야 할 슬픔을 이미 가지고 있었으므로
면접은 짧았고 답은 필요치가 않았다

이승과 저승 사이를
진화하는 과정이므로 사람들은 드디어
그녀의 얼굴에 곧 사라질 이름을 붙여주었다
이제야 그녀의 이름을 알았다

마지막 한 평의 중력으로 핀
국화꽃 경계선에서
꼭두처럼
고요히 마지막 그녀의 만찬을 먹었다

거칠고 무례하게
잎이 피는 날것들을 끊었다

라스트 댄스

이제 이별을 하기로 했다
이 세상 남길 것이 고작 슬픔을 감추는 일이라니
떨리는 손으로 젖은 냄새를 만졌다

쉽게 긁히는 우리는
더 이상 같이 걸을 수 없다는 것
소심한 손끝을 터뜨려 주문을 걸었다
고통을 파하소서

저 너머 건들건들 몇 개의 금 간 하늘
만져도 뜨겁지 않은 노을을
수없이 가두고 조롱하고 협박했으리라

껴안았던 말끝마다 지우는 대답
생머리 같던 기억의 변형도 깍듯이
돌아보지 않을 용기를 택했다

하루건너 하나씩 잊힐 이름을 잊어버린 역
깔아 놓은 글자판에 손가락을 올려

오른쪽 왼쪽 균형을 맞추고
삭제란 이름을 풀어 마지막 춤을 추었다

멸치똥

역전에서
잔치국수를 시켜 먹었다

팔천 원짜리 잔치국수 따끈하게
늦가을에 핀 꽃처럼 반가워
종종 눈동자 걸음으로 먹는데
국물 속에서 보이는 멸치똥

갖은 고명과 김가루
잘 익은 김치 청양고추가 어우러진
매끈한 국수 면발보다 강한
그 작은 것의 맛
장국에서 미처 빼내지 못한 그 똥은
멸치의 마지막 생이며 안간힘이었고
반항이어서 검고 쓰디썼다

지난여름
윤슬처럼 반짝이며 동해를 거슬러 오르던
멸치 떼들

거기서 팽팽하던 등 푸른 것들
장엄한 군사들의 함성처럼 빠져나가던 무리였을

여기
동해와 함께 엮은
그들의 살과 피는 어디로 갔는지
국물 속의 혼란을 잘게 부수고
절박한 그 생의 통렬한 분노를
우리는 먹을 수가 없어
불손한 말로 쉽게 내뱉었다
똥이라고

타인의 숨을 데리고

한 남자가
신장개업한 카페 앞에서
가면을 쓰고 풍선을 불고 있다
낯선 사람들 사이로 그의 숨은 소리가 되어
허공을 맴돌아
낯선 사람들 사이를 비집고 울린다
한숨을 팝니다 두 숨도 팔아요

핏대 세운 목줄기에 바람이 부풀어
들숨 날숨 한 움큼을 풍선에 담으면
땅으로 떨어지는 무게
때론 노랗게 때론 빨갛게 무거운 것들

저녁을 돌아 나오는 길
커피 한잔에 공짜로 받은 풍선을 쥐고
그 남자의 멱살을 잡은 듯 말랑한 풍선을 흔들며 물었다
아침부터 지금까지 쉬던 숨은
나는 누구에게 팔았을까

몇몇 사람들이 내리는 버스를 뒤로
스치듯 일렁이는 숨들의 대열
어깨에 멘 헝겊 가방처럼 출렁이는
버리지 못한 한줌 공기
타인의 숨을 데리고 집으로 간다

씩씩한 남자

자취방 끝의 한 남자는
사랑도 없이 사랑 노래를 하고
멜로디 없이도 노래를 불렀다
어쩌면 사는 것이 흔적이 아닌 허상일지도 몰라서
허공에 찍힌 담장을 넘어
또 하나의 공중이 남긴 그림자가 되어도
이 남자는
질병처럼 번지는 어둠을 훌훌 털고
씩씩하게 옷을 갈아입고 나선다

길바닥에 이력서를 우겨 놓고 오는 날에는
소주잔에 오기를 씹어 먹고
애인이 있거나 없거나 상관하지 않는다
고양이가 고양이 같은 남자를 지켜보는 밤

생각하면
오른손이 슬쩍 왼손을 잡는 것처럼
운빨이 슬쩍 남자의 손을 잡을지 몰라
오늘도 씩씩한 남자는 엉덩이를 툭툭 털고

썰물처럼 밀리는 마음에 지느러미를 달아 준다
괜찮아 하고 고양이가 울어주는 밤

천 개의 흰

봄이었다
창밖 유리에 젖은 꽃잎을 떼어 내려다
어제 내린 비에
공손하지 않은 바람을 알았다

그 시선의 맨 끝 떡갈나무 숲
많은 사람들의 말들이 쌓인 등선은
고래의 등허리 같은 침묵으로 삼켜져
가끔 새들의 날개 소리에도
모서리가 긁혀 차갑고 어둡게 읽혔다

그래서였는지 수상한 아침 숲
나무껍질 사이로 벚꽃 흩날리듯
수백수천 마리 흰 나비 떼의 오름을 보았다

웅크린 생존을 꺼내 난장에 펼친 듯
반항도 아름다운 날개로 춤을 추는
천 개의 깃발을 달고 하늘을 오르는 저 흰 것들은
어디서 왔을까

보이지 않는 곳에서 꺼낸 손들
가렵도록 말라버린 말들의 영혼을 타고
눈부시게 부활했나 봐

꽃이 피어 땅으로 떨어질 때
묻힌 이야기들은 자라 하늘로 오르는 것인지도 몰라

수백수천 흰 것들 반짝이며
혀끝의 말들이 번지듯 한없이 떠올라 갔다
천개의 잎을 떼어 낸 군무
햇살이 창가를 지나고 있다

파를 다듬다가

파를 다듬다가 문득 그녀 생각이 났다
지금은
따뜻한 남쪽 어느 곳에서 살고 있다는

파의 누렇게 뜬 껍질을 벗겨낸다
오래되거나 눌려서 건강을 상실한
맨 처음 것들이다
언제나 처음 것들은 차츰 낡고 해져
껍데기로도 구차해지는 것이지

희고 새로운 속살은 신선하고 반짝여
내가 매운 파의 껍질을 벗겨 내듯이
그녀도 지난날을 벗겨 내느라
나처럼 이렇게 눈물을 흘렸으려나 매워서

시간이 지나면 또 다시 변색될 파의 그 끈적한 알몸처럼
어쩌면 그녀가 사는 방법일지도 몰라
웃는 그녀에게만 해당하는 일이 아니어서
어느 날 그녀가 살고 있다는 남쪽에 가게 된다면

그녀의 이름을 불러보겠다
예전처럼 순하게 뿌리내리기를

새들의 우주

헛헛한 봄날
나무가 까치집을 허가하였다
집세도 없는 동거로 나무가 자신의 방점을 찍고 싶었나 보다
젖은 양말을 벗은 발가락 같은 갓 3월이 내린
나무 꼭대기에는 까치집만큼 벌어진 가지에
또 하나의 우주가 생길 것이다

꽃이 피지 않는 나무는
까치집을 꽃처럼 머리에 이고 유산된 꽃들의 시신을
바람에 묻고 슬픔을 들키지 않는다
기꺼이 까치의 새끼들을 거두고 숨겨줄 것이다
물 먹어 웃자란 가지를 꺾어
수런거리는 비린 바람을 몰아 떨리는 손으로
솜털 같은 날개의 비늘을 거두는 그 사이를
나는 먼발치에서 그들의 행적을 탐하는 한 마리 검은 새처럼 난다

헛헛한 봄날
레코드판처럼 돌아가는 익숙한 세상이 흘러나오고
몇 겹씩 겹쳐 입은 사람의 껍데기를
뒤집어 보고 싶은 날
저 멀리 높아 나무의 표정도 보이지 않는 곳에
까치새끼는 꽃으로 가득 피겠다
저 우주에서는

고마워 코미디

웃을 일이 없는 날에
웃을 일은
고요한 내 정물들의 잠든 공간을 깨고
깔깔거리며 웃을 일은 텔레비전 속
코미디언들의 환장 케미

변치 않는 저 마다의 소질에 반죽되어
혼자 웃다가 혼자 말을 걸다가
내장을 쏙 빼내 가도 모를 그런 순간이 있다

명화가 따로 있을까
남의 감정을 훔쳐 움직이게 하면 그게 최고지
종이 인형처럼 팔랑거려도 좋을
애벌구이의 낙지 뒷다리처럼 꼬불거려도 좋을
코미디 같은 세상에 코미디의 찐한 맛 찍어

제풀에 왠지 기분이 좋아지면
풀어진 실타래처럼 실실
여기저기 방안을 굴러다녀도 좋을

세상사는 진한 이야기에 등짝이 가렵고
말만 붙여도 겨드랑이가 간지러운
딱딱한 바닥이 말랑해지는
휴일 오후의 한낮을 지나는 시간

새들의 문자

새들의 암호가 새겨진 눈밭

밤새 내린 눈 위로 찍힌
그 문장을 누가 읽는지
가끔 책장 넘기는 소리가 난다

전생에 이들은 선비였을까
내려앉은 저 눈밭이 모두 갱지라니
바람도 읽고 가는 저 바닥

흰 가슴의 새가 새긴
발목 한 자루 발자국마다
수묵화 한 점이 또 바람에 넘겨진다

나의 시간은 지금 갱지 한 바닥
오래 닫힌 이 작은 눈밭에 보낸 문자는
아직 아무도 읽지 않았다
새들이 없는 시간인가 보다

4부

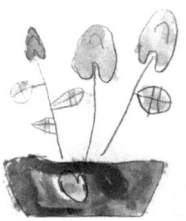

홍학이 있던 자리

푸른 강은 그의 먹이터
발목을 담그고 먹이를 찾는다
한발 한발 핏빛 체온을 풀면서

꽃들은 거꾸로 구름 속에 피어 있고
단단한 문을 가진 물속은
쉽게 열리지 않는다

멀리 혹은 가까이서 찍어 먹는
간간한 먹잇감은
목을 꺾어 온몸을 기울여야 솟는 핏대 같은 것

저 강물에 젖은 채
바지랑대 같은 몸을 대고
세상의 간이 베인
붉은 발목을 미끼로 걸어둔다

끌어당김의 법칙

안개에도 방향이 있어서 잠깐 길을 잃으면
그 공간의 흔적을 가둔다
너와 절연을 하고
밥그릇에 남은 밥풀 몇 알 가둔 날
바닥에 달라붙은 가을잎처럼 미처 긁어내지 못한
너의 말을 줍는다

떠내려 오는 계절
진한 화장을 한 꽃잎 몇 개가 나비처럼 나풀거리던 날도
손바닥에 낙서처럼 번진 너의 체온을 가둔 채
밤거미처럼 내려앉는 슬픔을 또 긁었다

멀어지고 나서야 내 맘을 알았다
그때 주저앉은 너의 말이 눈에 번진 내 무게였다는 것을
동백이 지고 붉은 건반 위 하얀 손가락으로
가끔 귓속을 타고 오는 떠도는 바람
끊겼던 맥박이 살아나고 희미한 통증을 빌미로 더듬더듬

얼마 남지 않은 잔고 따위 버려두고
신용카드처럼 하루를 긁어 미리 사용하듯
먼 곳은 보이지 않아서
새로 고친 기억으로 자꾸 우리의 시간을 긁었다
확실한 것은 너도 그렇다는 것이다

행복을 찾아서

달팽이가 집을 떠났다
오래도록 행복하지 않아서 몸의 습기가 마르기 전에

삶의 달콤함을 찾기에는 이미
세상은 변질되었고
살아야 하는 것들은 가벼워져서
소금쟁이처럼 표면을 겉돌 때
그 무엇도 예측하는 일 없이
무성하기만 한 감정을 버리고

괜찮은 척 살아내고 배려하는 척 가까이하고
바람처럼 무색이어서 지울 수 없는 날들

타인을 통해 행복해 질 수 없다는 일말의 말들이
피부병처럼 번지는 어지러운 계절
마른 입속의 혀끝마다 시린 돌들이 굴러다닌다

존재의 가치가 없어질 때
꽃들은 아무 때나 주저 없이 떨어지고

나의 사랑도 나뭇가지를 건너 내려오기까지
서로의 눈물만 듣고 끝났다

배가 고파 울 때도 있지만
외면당해서도 울고
잘디잔 아픔에도 불안한 감정을 데리고
우리는 어디로 갈까

산다는 것은 순간순간 변하는 동사여서
가질 수 없는 결핍을 넘어
압정으로 박은 듯한 상실의 시간을 집어 던지고
달팽이는 떠났다
온몸으로 용감하게 무성한 풀밭을 지나
또 하나의 집을 찾아서

여름이 붉어 있었다

저 멀리서
바람을 타고 새가 날고 있다
날개를 펴고 유연하게 나무에게로 접근 중이다

그릇을 씻다가
바람이 부는지 창틈으로 물방울이 날렸다
틈새 바람은 가끔 돌발적으로 침투하고
나는 젖은 소매부리를 걷었다

새는
오른쪽과 왼쪽을 견제하며 빈 공중을 돌고 돌아댄다
이 긴밀한 모색은
먹이를 탐하는 야생의 늑대처럼
깃발을 꽂으러 오르는 전투병의 기개로
수만 번의 눈동자는
굵은 나무의 점자로 된 몸을 읽고
온도와 냄새를 점령하며 날고 있다
하늘을 견제하며 가르는 자
새 한 마리가 하늘의 중심이 되었다

새는 곧 그 나무에 터를 잡고 새끼를 낳을 것이다
그는 아는 것이다
흔들리는 나무지만 뿌리가 굳건하다는 것을
바람의 흐름을 느끼는 단단한 발과 저항의 날개가
삶의 방향이며 기록이어서

그릇을 씻다가
우연히 창밖으로 본 새의 행적
미물이란 가벼운 생각을 버렸다
나는 그간 행간에 슬며시 손을 비벼 댄 오랫동안
여름이 붉어 있었다

우기를 견디는 법

사랑이 소멸될 때
어디서부터 우리는 무너지는가
사랑은 사막처럼 메마르거나
우기처럼 습해지거나

사흘 밤낮 비는 내리고
무거운 우울을 짊어지고
오래된 나무 하나가 힘없이 꺾였다
오래된 추억이 먼저 무너져 내린 거였다

물기 젖은 옷을 벗을 동안
지나간 시간이 차례로 허물어지고
그 틈으로
푸른 이끼의 꽃이 피었다
그렇게
우기를 걷어내는 중이다
그렇게 사랑도 끝나가는 중이다

나의 그림자

비오는 여름 어느 날이거나
눈 내리는 겨울 어느 날이거나

아프지 않아도 눈물이 날 때
내 곁 어딘가에 붙어서
조용히 체온을 내주던

간혹 젖은 몸이 무거워
발길을 멈출 때는
내 발밑에 납작 엎드려
젖은 발을 감싸주던

오늘은 스치는 차창 유리에
당신이 서 있네

내 나이 때 꼭 닮은 모습으로
흘러내리는 옷매무새를 고치게 하는
내 안에 있는 사람
어머니

완벽한 한 잔의 커피를 위하여

커피를 시키고 받은 번호표를
애인처럼 만지작거린다
사랑하는 사람의 부름을 받을 때의 기다림으로

잠깐의 상상도 하지
커피를 추출하는 주인의 넓은 어깨 너머 애인을
빨간 뾰족구두를 신고 날렵한 허리를 휘감은
애인의 부드러운 어깨를
젖은 발을 뻗으면
첫사랑의 키스를 부르는
악어의 눈물과 사막의 모래폭풍 같은 쓸쓸함이거나
모든 질량을 함축시킨 검거나 순수한

커피 원두를 볶을 때는 여러 방법이 있어
물의 부피와 사막의 일몰을 생각해야 해
물기가 마르고 저무는 해가 가라앉을 때까지
밀도가 높을수록 깊어지는 향 작은 채반에 원두를 볶으면
깨를 볶듯 자글자글 톡톡 생두가 터지며 익어가지

누가 그랬지
커피의 절정은 지옥같이 뜨거우나 천사같이 순수한
악마같이 검으나 키스처럼 달콤하다고
나는 그 말이 신앙처럼 들려서
인생의 쓰디쓴 부분을 걸어
한여름에도 뜨거운 커피를 주문해
그리고는 완벽한 하루를 마셨다고 하지

당신에 관한 편지

사과
그 붉은 마음을 사랑했어요
먹고 싶어 깎고 있어요
먼저 놀라지 않게 탁 쳐주는 것은 예의죠

줄줄이 칼로 잘려 나간
당신 마음이 흘러내려요
끊어지면 안 될 것 같아 버티는 동안
당신 몸이 상해져 갔어요
붉은 마음이 깎여
점점 사라지고 있어요
가끔은 끊어지고
가끔은 떨어져 나가기도 해요

당신은
유통기한이 지나면 버려진대요
속살은 조금 생기가 있지만
곧 누렇게 떠버리고 마음은 문드러지겠죠

누가 물어봤어요
나무에 매달려 있을 때가 좋았냐고
아니라네요
이렇게 속내를 다 내주고
사과 향 진동하게 썩어가는 게 낫대요

씩씩한 당신 고맙습니다

어느 남자 이야기

그 남자는
청계천 바닥을 누비던 짐꾼이었다
지게에 가득한 짐을 지고
등에 고인 삶을 발걸음에 맞춰
하나씩 세어 나가던
허름한 건물 계단 계단이
그가 살아가는 즐거운 생계의 놀이터였다

핏줄처럼 구불대던 좁은 뒷골목도
물속의 물고기처럼 발바닥보다 먼저
등짝이 신나게 돌아다녔다

번개를 보듬어 천둥을 쓸어 담던
장맛비가 몹시 오던 날
손바닥 안 같던 그 바닥에 등을 던지고
그 남자의 전부가 내려앉았다

매일 불안하고 매일 서늘했을
가장 깊숙한 밑바닥

이제 가지런히 등에 등을 대고
무거운 짐짝을 내려놓았다
그 남자 등짝에 손이 들어가지 않으니
그것을 남들은 죽음이라 했다
그 등에 살던 생것들은 이미 사라진 뒤였으므로

사람의 마음은 가끔 요동쳐서
등 뒤의 짐이 커다란 희망이 되었다가
때론 천근만근 무게가 된다
그날 그 남자의 짐은 천만근 짐짝이었다

엄마를 베어 먹다

싱싱한 사과 한 박스를 사왔네
사과는 껍질을 벗겨 먹어야 제 맛이지
칼로 적당히 베어 먹고 또 잘라 먹고
그래 이 맛이지
상큼한 과즙이 붉게 번지는 맛난 이것

남겨 놓은 사과를 한참 잊고 있었지
몇 개 안 남은 사과에 물컹 물집이 잡혔네
버리긴 아까워 대충 떼어 내
조금 남은 살점을 마저 먹었어

그 후
까맣게 잊고 있다가 생각난 사과 박스
한 개 남은 사과가 썩어가고 있었어
어느 날
엄마의 방문을 열어 보았을 때처럼
썩어가는 인생 하나가 폭삭 주저앉아
마지막 칼잡이를 기다리고 있었던 거야

너 그거 아니

너 그거 아니
다 타서 꺼져가는 연탄재를
뒤집어 놓으면 다시 타오르는 거

인생도 마찬가지야
다 태웠다고 생각할 때
뒤집어 다시 한 번 더 태우는 거야
활활

봄에 내리는 눈

당신은 때론 무겁고 차갑고 습하다
사라지지 않는 것을 기억하라는 것인지
기억하기 위해 사라지지 않는 것인지
수만 개의 잎을 달고 고단한 폭설로 내렸다

그 차가운 꽃잎 틈 사이로 선득선득 베이는 가슴은
기침 대신 자꾸 손톱자국이 나서
불안한 상처에 살구꽃 손수건을 올려놓곤 했다

삶이 통째로 흔들릴 때면
어디에도 없는 지도를 끌고
혼자 걷다 혼자 시들다
폭폭 빠지는 발목을 껴안고 끝끝내 흔들렸다

그래도 당신의 유언을 입속에 털어 넣고
혀끝으로 하나씩 지울 동안
몽글몽글 따뜻한 눈이 내렸다

이제는 소복이 쌓인 당신이 절창으로 피어나
순한 꽃처럼 지지도 않고 환해서
하루하루를 이별하며 살면서도
문득 오늘이 아름다워서
하늘 아래 그 차가운 손을 잡는다

시옷의 항거

건드리지 마라
나 유리처럼 깨지기로 했다
깨진 유리의 솟은 날처럼
시옷의 무장을 하고 번득일 것이다
뾰족한 날을 세우고 쪼개져 들이댈 것이다

내가 유리컵을 잠시 홀대하여
깨뜨린 후 배운 한 가지
손가락을 베인 후에 얻은 붉은 병법서설

건드리지 마라
함부로 대하면 깨진 유리처럼
솟은 날을 무기로
나 그렇게 날카롭게 쨍쨍해져 베어버릴 것이다

5부

종이를 접다가

손끝이 야물지 못해 종이를 잘못 접었다
잘못 접힌 종이를 피다가 접힌 마음을 읽었다
마음도 이런 거였나

다시 매만져도 여전히 남는 선명한 선
읽고 난 책의 페이지를 접듯
쉽게 접은 마음은
툴툴 털어도 다리미로 꾹꾹 눌러도
지워지지 않는 빗금으로 남는다

그러게 쉽게 선을 그어대면 안 되는 거야
그때는 몰랐던 출렁거리는 행간들이
서툴게 접힌 종이 사이로 첨벙이며 지나다녔다
밑줄 그려진 선 사이로
함부로 접은 마음이 오래도록 남았다

기침과 기침 사이의 계절

저 눈송이의 근원지는
내가 눈을 비빈 후에 생겨났을 것이다

발진처럼 돋아난 슬픔이
부스럼처럼 번진 절망이
어룽어룽 성에로 낀 몸속에 박혀 가시가 된 후
나는 자꾸 기침을 하였다

시도 때도 없이 기침을 하고
아무 이상이 없다는 의사 선생의 말이
기침과 기침 사이에서 저녁이 오고

절여둔 고등어 새끼를 저녁 삼아
가시를 발라 먹을 때도 눈이 내려
눈물이 났다

기침을 하는 사이 또 눈이 오고
눈을 비벼야지 눈송이에 젖은 눈에도

가시 같은 눈물이 나면 눈을 비벼야 돼
번져가는 하늘에 자꾸 눈이 내렸다

봄 편지

미안하다 미안하다
익모초처럼 쉰 엄마가 말했다
그 미안이 내 어깨에서 내려와
가슴으로 흘러내린다
고드름처럼 얼어붙은 마음이 떨어져
산산조각을 내는 말

3월 사과꽃 필 무렵
바람 부는 쪽으로 얼굴을 내밀고
해동에 풀린 미안을 털어낸다

엄마 이젠 봄인 걸요
따뜻한 바람이 불어요 손가락 한 마디만큼
미안이 있던 자리에
포슬포슬 못생긴 꽃이 피었다

엄마 봄에는 미안도 꽃을 피우는군요
겨울은 모두가 미안한 계절이었던 거
꽃을 보고 알았어요

따뜻한 봄은 마음에서
입을 열고 그 이름을 불러야 하는 것을
그래야 통하는 것을 이제야 겨우
우리가 알게 되었어요

섬

포구에 물이 빠지면
수면에 간신히 기대어 있던 낡은 배는 섬이 된다
돌조개 몇 개 물미역 몇 가닥 싣고
오도 가도 못한 채
갯벌에 늙은 맨살을 얹어놓고
저 혼자 녹슨 몸뚱이를 핥는다

오랫동안 닳고 닳은 선체
섬이 돼서야 비로소 더듬어 보는 시간들
수많은 물살이 지나간 자리를
붉은 눈으로 쳐다본다
늙은 손등처럼 굽은 상처도 영광이었던 바닥을
오늘은 대신 노을이 내려앉는다

우기를 건너는 중

대출이자 납입 일이
문자에 뜨고
이번 달 신용카드 지불액이
한계선을 넘어 넘실댄다

늦은 장마가 시작됐다는
예보와 함께
대책 없이 빗줄기는 쏟아지고
젖은 몸에 하나 둘 찍히는 푸른곰팡이
습한 카드 명세서에는
사용된 목록들이
물소 떼처럼 한없이 줄지어 우기를 건너는 중이다

핸드폰에서 울리는 호우경보
세상 넘치는 것은 위험한 일이다
길고 긴 장마가 시작되었다

생일 즈음에

화려한 젊은 날은
언제나 조금 전일 거라고 위로하고 싶은 날
길을 걷는다

누가 놓고 간 화환일까
떨어진 꽃잎들은 기척도 없이 쌓이고
낮은 몇 개의 잎들을
이름표처럼 달고 있네

그 옆을 지나 길가 가게 앞
유리문 너머에 가슴 없는 내가
울긋불긋 서 있네
오른발을 들면 왼발을 내보이고
왼발을 들면 오른발을 드는
잘린 유리 창살에
숱 없는 머리카락을 깃발처럼 날리며
마른 깃대에 구부정 내미는 손이 쓰디쓴

거울을 들고
내가 아닌 내가 떠 있는 허공
길에 흩어진 꽃잎처럼
떨어진 길가에 흩려져도 아무도 신경 쓰지 않을
언제부터인지 바람처럼 떠돌아다닌다

여기까지 오느라 축하합니다
불쑥불쑥 나타나는 요양원의 팻말도
사거리 깜박이는 신호등에도
마음이 멈칫해
이젠 내게도 이름표를 붙여야겠다는 생각에
홀로 떠도는 얼굴을 한 컷 찍었다

나의 이름을 불러줘

무심코 옷을 입다가
세탁소에서 찍혀온 이름 석 자
머리를 쓰다듬듯 나를 안고 깃발처럼 나부끼네

이름을 불러보자면
빛나고 빛날 거라 했지
너는 내가 선택하지 않은 옷
거울 속을 자세히 보니 이제 네 모습이 보여

하염없이 잊고 있었지
익숙한 방마다 들어앉은 너는
간판에 불이 꺼진 듯
한때 빈방에 무겁도록 내려앉았던

식물이 작은 양의 무기질로 성장하듯
보이지 않던 네가 조금씩 반짝일 동안
언제부턴가 나는 나비처럼 날아올라
한 획마다 환하게 기대고 있었어

부러진 갈비뼈처럼 통증이었던 시간들을 걸어
오래도록 품어서 나의 껍질이 된 이름
이제 그 심장 소리가 들리네
이토록 뜨거운 체온이었음을
그러므로 차고도 넘쳐 찬란해질
나의 이름을 불러줘

상사화에 부쳐

사랑은
불쑥 시작되는 거라고
네가 말했다
숨길 수 없어
가슴 찢고 나오는 돌발이라고

저 경고 없는 상황은
불쑥에 대한 현장
사랑에 대한 마침표라고

오로지 마음
그 단어 하나로 인생을 걸어
온 몸뚱이 밀어 올렸다고
그 끝자락 생에서
돌아갈 곳 없는 마음이라고
마지막 세상에서
최후의 혈서를 쓴 유서 같은 고백이라고

그 붉은 사랑이 남아서
창백해질 삶에 대해
생각하지 않을 때 있었다
사랑은 불쑥 시작되는 거라고
네가 말했기에

가위 바위 보 게임

너에게 손을 내밀었을 때
게임이 시작된다는 것을 늦게 알았다
계단에서부터 시작된 발걸음의 개수는
위로 올라간다는 규칙을 세우며

컨베이어 벨트처럼 흐르는 시간은 멈출 수 없고
잠시라도 멈추면 덜컥 무너지는 세상
가위 바위 보 게임은 시작되고
선택은 매번 하나이다

상대를 꿰뚫어야 하는 최소한의 심리전으로
이겨야 한다는 팽팽한 대치는
오르락내리락 거리에 서서
아직은 이겨 본 적 없는 듯
매번 그 자리에서 손을 내미는 날들

바위를 내면 보자기를 내보이는
가위를 내면 주먹을 쥐고 달려드는
보자기를 내면 가위질로 들이대는

너를 읽어간다

꽃이 피는 만큼 또 지기도 하는 계절
잠시 하루가 망설여지기도 하는
문밖을 나서면 줄줄이 기다리는 손들

그럼에도
손가락 너머 조망은 희망을 달고
절망도 익숙하게
평등한 총량의 법칙을 근거로
손을 내밀고 친숙한 얼굴로 다가가
너에게 매번 게임을 신청한다

막차를 기다리며

선운사 돌담길에 갇혀
지독한 꽃무릇만 바라보다 시간을 놔버렸다

바람은 가벼운 잎새들을 끌고 어디로 가는지
이끼 묻은 돌들의 침묵을 읽으며
의자에 기대어 막차를 기다린다

많은 사람들은 어디론가 떠나고
무수히 갈라진 바닥 그 끝에 걸친 발자국
삶의 흔적이 무거울수록 가라앉는 하루를
함께 서성이며 너를 찾는 일

백팔 배 붉은 도량에 두 무릎을 접어
사방이 적막한 날들을 불러 고했지만
꽃무릇만 흔들리고
돌아오지 않는 답으로 날이 어두워 갔다

모두가 제집으로 가고
아무도 대신 빛이 될 수 없을 때

선운사도 곧
풍경소리와 함께 어둠으로 사라지겠지만

깃발 나부끼듯
내 몸을 쓸고 다닌 색색의 시간을 거두어
부적을 쓴 여자처럼 서서
혼자여도 괜찮은 막차를 기다리며

언제나 그러하듯 너를 찾는 일은
마지막까지 기다리는 일

공중전화

강화도 라일락이
한낮에 전등을 켜고 서 있는 빵집 앞
빨간 공중전화에 동전도 없이
수화기를 들었다

나 그대에게
가슴 한 번 두드린 적 있었나
아직은 깜빡이는 부스 안으로
뜨거운 강물 흘러 세월이 넘치면

그 굵은 동맥 사이로
보내고 싶던 말
끊겨서 유실된 말 한마디 하고 싶다

사랑한다고

사진 속 과거가 되는
라일락 하얀 강화도 빵집 앞
빨간 향내를 뒤집어 쓴 공중전화에

누구라도 한번쯤 건네던

잡풀 무성한 마음이
덜컥
동전 떨어지는 소리도 없이
내뱉고 싶은 말
깜빡이는 전구에 불이 들어오듯

터질 때로 터진 마음으로도
못한 그 한마디
이제 받는 사람 없고 주소도 없이 흘러가겠지만
여기 불 밝힌 공중전화에
수신자 없음이 뜨는 발신자로 보낸다

사랑한다고

모래무덤

오래전
모래사막을 가본 적이 있다
바람이 불면
물비늘처럼 모래가 출렁이고
바람보다 가벼운 모래가 흘러다녔다

가만히 있으면 어김없이 밀려와
발등을 타고 몸을 삼키는 바다를 닮은 사막
저 멀리 낙타가
쉬지 않고 가야 하는 까닭이다

한동안 보이지 않던 바람이
모래무덤을 끌고 오면
우리는 바닥도 보이지 않는 무덤에 올라
푹푹 빠지는 발목을 잡고
골 깊은 낙타의 울음소리를 들어야 했다

삶이 여기 놓였다면
옷깃에 감춘 눈을 뜨고

움직여야 살 수 있는 낙타가 되어
물속의 은어처럼 거슬러 올라야 한다

낙타의 하얀 눈동자가 밤새 출렁이는 밤
저 멀리 희미하게
모래무덤 하나 생기고 있다
누군가 발걸음을 멈추었나보다

풀 하나 없는 이곳에
곧 발자국도 사라질 것이다

산다는 것은 소금기처럼

봉당 위에 찌그러진 소금 한 자루
신안에서 왔다는 팻말을 두르고
퉁퉁 불은 몸뚱이 흔들어 간수를 낸다

사는 것이 짠물 내는 일인 듯
밤새 비틀어 뒤척인 까닭은
오늘은 이 집 두부 쑤는 날

가마솥에 노란 콩을
눈물 나도록 삶아 곱게 갈아도
간수가 없으면
두부는 완성되지 않는다
소금은 온몸 녹여 낼 의무가 됐다

우리의 등에
한지의 번지는 물감처럼 올려
흐르는 땀의 짠 내 진하게
선명한 간수를 내야 하는 오후

음식의 간을 맞추듯
인생의 맛을 굳힐 때
소금기 풀어 온몸이 통과할 때가
사는 것의 의미가 되기도 한다

꽃들에게

돌 틈에 핀 꽃처럼
눈 속에 핀 꽃처럼
어디서라도 꽃을 피워라

위로해 주는 말보다 더 위로가 되는 것
새가 울지 않아도 소란스럽지 않게
중요한 것은
네 맘에 꽃피우기